PRINCESA GUERRERA. LA HISTORIA DE KHUTULUN

Título original: *Warrior Princess*

© 2022 Sally Deng (texto e ilustraciones)

Traducción: Juana Inés Dehesa

Las ilustraciones de este libro se hicieron con pinturas acrílicas y lápices de colores sobre papel. El texto está compuesto en Centaur MT y Vineyard Swash Caps, mientras que para los títulos se usó Elphinstone

D.R. © Editorial Océano, S.L.
Milanesat 21-23, Edificio Océano, 08017 Barcelona, España
www.oceano.com

D.R. © Editorial Océano de México, S.A. de C.V.
Guillermo Barroso 17-5, col. Industrial Las Armas
Tlalnepantla de Baz, 54080, Estado de México
www.oceano.mx • www.oceanotravesia.mx

Primera edición: 2023

ISBN: 978-607-557-343-4

Depósito legal: B 14039-2023

Para Mamá y Papá; gracias por todo.
Y para Ezra: gracias por las lecciones de historia

IMPRESO EN ESPAÑA/PRINTED IN SPAIN

9005755010723

PRINCESA GUERRERA

La historia de Khutulun

Sally Deng

OCEANO travesía

A la luz de la luna, en los pastizales de tiempos antiguos, una niña exhaló su primer sollozo.

Su padre, el kan, la tomó en sus brazos.

—He aquí a mi hija, la niña de la luna —proclamó—.
¡He aquí a Khutulun, princesa de Mongolia!

La vida en la tribu de Khutulun era muy pesada; todos los días ella, en compañía de sus catorce hermanos mayores, entrenaban y cumplían con sus tareas. Todo lo que hacían debía prepararlos para convertirse en guerreros.

—Ustedes son los tataranietos del gran Gengis Kan —les decía su padre.

—Cada uno de ustedes tiene una misión que cumplir.

—¡Su madre no temía a nada cuando era joven! —decía el kan a sus hijos—.
¡En sus buenos tiempos, enfrentaba soldados aún más grandes que yo!

—¡Quiero ser como tú, Eej! —decía Khutulun mientras hacía aspavientos.

En ocasiones, Khutulun acompañaba a su madre, la katún, a sus juntas y, aunque los consejeros del rey discutían con frecuencia, cuando la katún hablaba, todos escuchaban.

Khutulun se sentía orgullosa de su madre, pero le aburría escuchar las discusiones de los adultos; prefería estar al aire libre, donde podía correr con su caballo tan rápido como quisiera.

En la tribu había un dicho:

"Un mongol sin caballo es como un pájaro sin alas".

Y por eso los niños aprendían a montar antes siquiera de saber caminar. Para Khutulun, montar a caballo era tan natural como respirar.

Khutulun aprendió a cazar junto a sus hermanos, aunque era una obligación que solía reservarse a los niños.

Afinó sus habilidades como arquera mientras pastoreaba cabras y ovejas; y cada vez que vislumbraba una mancha rojigris…

…¡soltaba una flecha que iba rápida como el rayo!

También le gustaba participar en las luchas. Donde ganaba quien tiraba a su contrincante y lograba inmovilizarlo.

En un principio, sólo competía contra otras niñas; poco a poco, fue enfrentándose también a los niños, hasta que llegó a retar a contrincantes del doble de su tamaño.

Ella ganaba

cada uno

de los

combates.

Conforme crecía, Khutulun fue aprendiendo
múltiples idiomas y estrategias militares.

—Estudia mucho —le decía su madre—,
porque nuestro pueblo, además de guerreros,
necesita líderes.

A pesar de sobresalir en sus lecciones,
en su corazón Khutulun sabía cuál
era su lugar; cada noche se
soñaba en las llanuras,
galopando bajo el cielo
infinito.

El imperio mongol se encontraba dividido;
los kan de diferentes clanes luchaban por
hacerse con el poder.

Al día siguiente a su cumpleaños número
dieciséis, Khutulun se acercó a su padre
y le dijo:

—Iré contigo a la batalla.

Su padre asintió:
—Ya es momento.

El frente de batalla era brutal e inmisericorde. Los enemigos de la tribu de Khutulun los superaban por miles, y no quedaba tiempo para descansar.

Era difícil encontrar palabras que levantaran los ánimos.

La princesa avanzó al frente de sus soldados, sintiendo cómo el tamborileo de las herraduras hacía eco a las palpitaciones dentro de su pecho. Se lanzó al frente de su ejército antes de que el enemigo lanzara siquiera la primera flecha.

Khutulun descendió sobre un soldado enemigo como un águila sobre su presa; con un poderoso *"¡RAAAAAAA!"* enganchó un brazo alrededor de su cuello y lo tiró del caballo.

En un instante, regresó con su ejército
y arrojó al soldado a los pies de su padre.

Se hizo el silencio.

Y luego...

…¡el ejército prorrumpió en un grito de victoria!
Y los soldados, con nuevas energías, la siguieron
al campo de batalla y resultaron vencedores al final
del día.

Khutulun ganó muy pronto la lealtad de sus soldados, pero pronto tuvo que enfrentar otros obstáculos completamente distintos.

Había llegado a la edad en la que la mayoría de las mujeres dejaba de luchar para casarse y encargarse de su casa; sin embargo, la princesa quería seguir su propio camino.

—Me casaré con quien me gane en un torneo de lucha —anunció—. Pero si gano yo, tendrán que darme diez caballos.

Un sinnúmero de hombres la retaron a duelo, y a todos los derrotó. Muy pronto se corrió el rumor de que el número de caballos de la princesa ya superaba los diez mil.

Pero aun así había cuchicheos sobre su falta de marido.

—La gente dice que Padre es débil —murmuró el hermano mayor—; piensan que el kan tendría que ser capaz de controlar a su hija.

Un día, un príncipe de otro clan apostó mil caballos
a que podía ganarle a la princesa.

—Sería un aliado muy poderoso para la familia —le
susurró su madre.

Khutulun bajó los ojos y accedió a dejarse ganar.
Su futuro no era lo único en juego.

El día de la pelea, Khutulun salió lentamente de su yurta.

Se sentía otra vez en el campo de batalla.

Pero ahora, estaba sola.

¡FFFFUAAAAA! Khutulun sintió un familiar golpe de energía mientras se lanzaba para capturar los brazos del príncipe. Cada empujón que daba él era recibido por uno igual: la princesa no iba a dejarlo ganar tan fácilmente.

Sin darse cuenta, inclinó la cabeza de tal forma,
que la luna brilló sobre ella, grande y orgullosa.

Los gritos de la multitud se fueron acallando…

Ajustó su postura y estiró grácilmente una pierna
por detrás del príncipe; después, con un empujón
y un fluido giro de su cintura…

No se oía más ruido que el susurro del viento. Los severos ojos
de su padre hubieran hecho temblar a más de un guerrero,
pero la mirada de Khutulun no se desvió ni un momento.

Por fin, en los labios del kan se dibujó una pequeña sonrisa.

—Debes descansar —dijo—. Dentro de poco viajaremos al este
—hizo una pausa—. Nuestro pueblo te necesita.

La multitud soltó un grito estruendoso, vitoreando a su princesa.

Desde un rocoso acantilado, Khutulun observaba la estepa
que cubría el horizonte.

—Peleaste con bravura, Günj —dijo un soldado—. Esperamos el día en que te conviertas en kan.

Khutulun volteó hacia su compañero y sonrió.

—*Sólo deseo estar aquí.*

Las praderas prometían un futuro de mucho esfuerzo.

Sin miedo, Khutulun se lanzó a la carga.

Nota de la autora

La historia de Khutulun no se conoce del todo; apenas existen fragmentos de ella en distintas fuentes, por lo que esta versión se construyó con muchas libertades.

Se sabe que nació alrededor de 1260 y que era la tataranieta de Gengis Kan, el fundador del Imperio mongol. Si bien era respetada como guerrera, esto no era raro: muchas mujeres de su época hacían deporte y peleaban al lado de los hombres. Era la hija favorita de su padre y éste a menudo acudía a ella en busca de consejo.

No sabemos si alguien ganó su reto, pero en una de las fuentes se habla de Abkatul, un hombre que intentó sin éxito asesinar al kan; cuando iba a recibir su castigo, su madre pidió que la castigaran a ella en lugar de a su hijo, a lo cual, Abkatul, como hijo leal, se rehusó, y el kan se sintió tan conmovido que lo perdonó y lo nombró oficial en su ejército. Se dice que Khutulun conoció a Abkatul en el campo de batalla, se enamoraron y tiempo después se casaron.

No sabemos si esto fue así, pero lo cierto es que Khutulun nunca dejó de pelear. El kan quería nombrarla su sucesora, pero ella no estaba interesada y prefirió que la nombraran comandante del ejército. Hasta el último día, Khutulun vivió la vida que había elegido para sí.

Probablemente a eso se deba que, miles de años después, la memoria de esta valiente princesa siga inspirando a los habitantes de Mongolia.

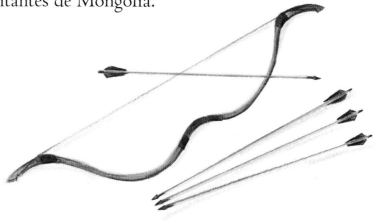

Glosario

Eej - "madre" en mongol.

Estepas - grandes zonas de pastizales planos y abiertos.

Gengis Kan - fundador y primer Gran Kan del Imperio mongol.

Gung - "princesa" en mongol.

Imperio mongol - fundado en el año 1206, fue el imperio terrestre más extenso de la historia, pues abarcaba desde Europa central hasta el reino de Corea, y desde el Ártico hasta India.

Kan - el nombre que se daba a los gobernantes del Imperio mongol. Siempre eran hombres. Al gobernante de todo el Imperio se le llamaba Gran Kan.

Katún - esposa del kan. En la antigua Mongolia, las katunes ocupaban posiciones de enorme poder político.

Khutulun - princesa mongola que vivió a mediados del siglo XIII. Su nombre hace referencia a la luz de la luna.

Yurta - tienda redonda que los pueblos nómadas, los viajeros, utilizan como casa.